CW01662462

Crocolou
aime la galette

Crocolou

aime la galette

Ophélie Texier

ENCORE
UNE FOIS...

Aujourd’hui,
c’est la fête de l’Épiphanie.
Maman crocodile,
Crocolou et Marilou
vont à la boulangerie.

~ PÂTISSERIE

Baguettes
Pains de campagne

Il y a des galettes de toutes les tailles.
– Oh ! regarde comme elles sont petites ! dit Marilou.
– Et celle-là, elle est géante ! s'émerveille Crocolou.
Maman choisit une grande galette
car elle a invité papi et mamie.

De retour à la maison, Crocolou les attend
avec impatience. Ding, dong ! Les voilà !
– Bonjour papi, bonjour mamie !
– Bonjour les enfants !
Ils sont tous heureux de se retrouver.

Mais papi a mal aux dents.
– J'espère que je n'aurai pas la fève !
chuchote-t-il à l'oreille de Crocolou.
– Si tu veux, papi, je mangerai
ta part de galette…

Papa coupe la galette en six parts
pendant que la famille
s'installe autour de la table.
Marilou, la plus petite,
part se cacher dessous.

– Elle est pour qui celle-là ?
demande papa.
– Pour maman !
répond Marilou.
– Et celle-ci ?
– Pour moi !
– Et la troisième ?
– Pour papi !
– Et celle-là ?
– Pour Crocolou !

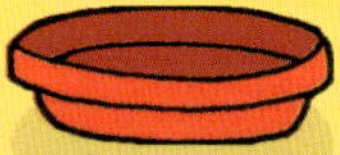

Quand tout le monde est servi,
chacun dévore sa part de galette.

Même Loulou et Doudou
en ont eu un petit bout.

Quand soudain, on entend “crac” dans
la bouche de Marilou.

– C’est la fève ! explique maman,
il ne faut pas l’avaler.
– Vive la reine ! s’écrie mamie.
Marilou est ravie.

Crocolou est un peu déçu
de ne pas l'avoir eue.
Maman aide Marilou
à mettre sa couronne.
– Maintenant, tu dois
choisir ton roi ! dit papi.

– Je choisis Crocolou !
Marilou lance la petite fève dans le verre de son frère qui, à son tour, enfile une belle couronne.

– Je suis le roi !
dit Crocolou, enchanté.
Que l'on m'apporte
une autre galette !

Toute la famille rit aux éclats.

Vive le roi Crocolou !
Vive la reine Marilou !
chantent en chœur
papa, maman,
papi et mamie.

Retrouve toutes les aventures de **Crocolou** chez ton libraire !

Disponible dans la coll. "Encore une fois"

Disponible dans la coll. "Encore une fois"

Disponible dans la coll. "Encore une fois"

Disponible dans la coll. "Encore une fois"

Disponible dans la coll. "Encore une fois"

Disponible dans la coll. "Encore une fois"

Disponible dans la coll. "Encore une fois"

Disponible dans la coll. "Encore une fois"

Disponible dans la coll. "Encore une fois"

Disponible dans la coll. "Encore une fois"

Disponible dans la coll. "Encore une fois"

Disponible dans la coll. "Encore une fois"

Disponible dans la coll. "Encore une fois"

Disponible dans la coll. "Encore une fois"

Disponible dans la coll. "Encore une fois"

Disponible dans la coll. "Encore une fois"

Disponible dans la coll. "Encore une fois"

Disponible dans la coll. "Encore une fois"

Disponible dans la coll. "Encore une fois"

Disponible dans la coll. "Encore une fois"

Disponible dans la coll. "Encore une fois"

Disponible dans la coll. "Encore une fois"

Disponible dans la coll. "Encore une fois"

Disponible dans la coll. "Encore une fois"

Disponible dans la coll. "Encore une fois"

Disponible dans la coll. "Encore une fois"

Disponible dans la coll. "Encore une fois"

Disponible dans la coll. "Encore une fois"

Disponible dans la coll. "Encore une fois"

Disponible dans la coll. "Encore une fois"

Disponible dans la coll. "Encore une fois"

Disponible dans la coll. "Encore une fois"

Loi n° 49-956 du 16 juillet 1949 sur les publications destinées à la jeunesse
Reproduit et achevé d'imprimer en novembre 2021 par l'imprimerie Printer Portuguesa au Portugal
pour le compte des éditions Actes Sud, Le Méjan, Place Nina-Berberova, 13200 Arles.
Dépôt légal : janvier 2019